¡QUE VIVAN LOS OFICIALES DE POLICÍA!

por Elle Parkes

BUMBA BOOKS™ en español

EDICIONES LERNER ◆ MINNEAPOLIS

Nota para los educadores:

En todo este libro, usted encontrará preguntas de reflexión crítica. Estas pueden usarse para involucrar a los jóvenes lectores a pensar de forma crítica sobre un tema y a usar el texto y las fotos para ello.

Traducción al español: copyright © 2018 por ediciones Lerner
Título original: *Hooray for Police Officers!*
Texto: copyright © 2018 por Lerner Publishing Group, Inc.

La traducción al español fue realizada por Annette Granat.

ediciones Lerner
Una división de Lerner Publishing Group, Inc.
241 First Avenue North
Mineápolis, MN 55401, EE. UU.

Si desea averiguar acerca de niveles de lectura y para obtener más información, favor consultar este título en www.lernerbooks.com

Library of Congress Cataloging-in-Publication Data

The Cataloging-in-Publication Data for *¡Que vivan los oficiales de policía!* is on file at the Library of Congress.
ISBN 978-1-5124-4135-2 (lib. bdg.)
ISBN 978-1-5124-5389-8 (pbk.)
ISBN 978-1-5124-4978-5 (EB pdf)

Fabricado en los Estados Unidos de América
1 – CG – 7/15/17

Expand learning beyond the printed book. Download free, complementary educational resources for this book from our website, www.lernerresource.com.

Tabla de contenido

Los oficiales de policía protegen

Los oficiales de policía

protegen a la gente

y los lugares.

A los oficiales de policía

también se les conoce

como polis.

Los oficiales de policía trabajan en pueblos. Ellos también trabajan en ciudades.

¿Dónde más piensas que trabajan los oficiales de policía?

La policía se asegura de que la gente respete las leyes.

A veces la gente no respeta las leyes.

Puede que los oficiales de policía arresten a esas personas.

9

Los carros de policía tienen

luces brillantes y sirenas.

Los oficiales de policía

las encienden.

Otras personas detienen

sus carros.

Los carros de policía

tienen computadoras.

Las computadoras ayudan a la policía

a encontrar rápidamente a la gente

y los lugares.

Los perros trabajan con la policía.

Este perro encuentra cosas a través

de su olfato.

¿De qué otra forma pueden ayudar los perros a la policía?

Para ser oficiales de policía, hay
que recibir un entrenamiento.

Los oficiales de policía aprenden
cómo ayudar a la gente.

También hacen ejercicio.

¿Por qué piensas que los oficiales de policía necesitan hacer ejercicio?

Los oficiales de policía trabajan muchas horas al día.

Algunas veces su trabajo no es seguro.

¿Por qué piensas que el trabajo de un oficial de policía no es seguro?

Los oficiales de policía trabajan

en muchos lugares.

Ellos protegen a todo el mundo.

Herramientas de los oficiales de policía

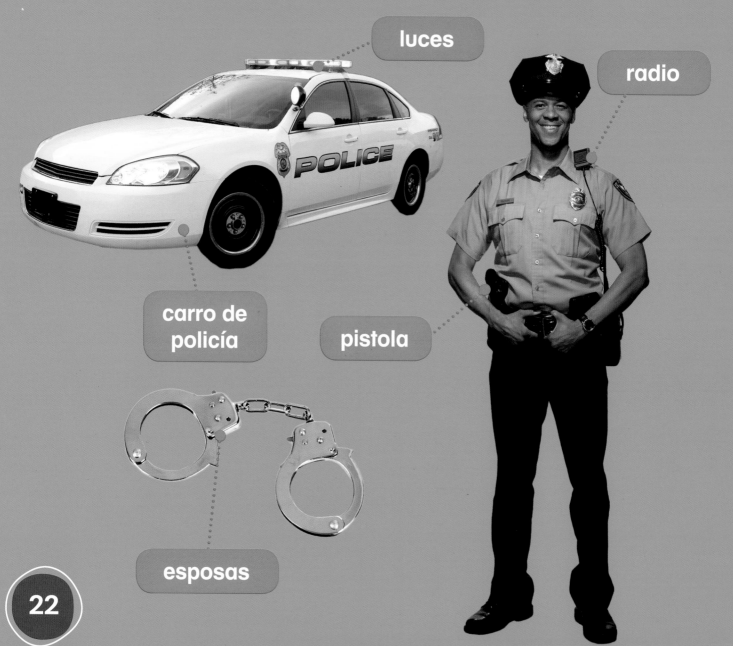

luces

radio

carro de policía

pistola

esposas

Glosario de las fotografías

arrestar

detener y agarrar a alguien por el poder de la ley

computadoras

máquinas electrónicas que guardan información

ejercicio

hacer actividades físicas para mantenerse saludable y fuerte

sirenas

aparatos que hacen sonidos fuertes

Leer más

Bellisario, Gina. *Let's Meet a Police Officer.* Minneapolis: Millbrook Press, 2013.

Meister, Cari. *Police Officers.* Minneapolis: Jump!, 2014.

Murray, Julie. *Police Officers.* Minneapolis: Abdo Kids, 2016.

Índice

Crédito fotográfico